GUSTAVE SCHLUMBERGER

MEMBRE DE L'INSTITUT

UN EMPEREUR
DE BYZANCE

A PARIS ET A LONDRES

PARIS

LIBRAIRIE PLON

PLON-NOURRIT et Cie, IMPRIMEURS-ÉDITEURS

8, RUE GARANCIÈRE — 6^e

1916

GUSTAVE SCHLUMBERGER

MEMBRE DE L'INSTITUT

UN EMPEREUR

DE BYZANCE

A PARIS ET A LONDRES

PARIS

LIBRAIRIE PLON

PLON-NOURRIT ET Cie IMPRIMEURS-ÉDITEURS

8, RUE GARANCIÈRE — 6[e]

—

1916

Cette étude a été publiée dans *la Revue des Deux Mondes*
du 15 décembre 1915.

UN EMPEREUR DE BYZANCE

A PARIS ET A LONDRES

Vers la fin du quatorzième siècle, la situation de l'Empire grec de Constantinople sous la dynastie des Paléologues était devenue presque désespérée. La puissance des sultans turks en Asie Mineure comme dans la péninsule des Balkans s'était accrue infiniment. Le faible gouvernement des successeurs de Constantin, réduit à peu près à la banlieue de Constantinople et à la péninsule de Morée, pouvait à peine se défendre contre l'effort incessant des troupes musulmanes. L'Europe assistait indifférente à ce cruel péril du dernier boulevard de la chrétienté en Orient contre les Turks.

La fin du règne de l'empereur Jean V Paléologue avait été particulièrement calamiteuse. Les forces du terrible sultan Mourad bloquaient Constantinople depuis des années. Vainqueur des Serbes en 1389, sur l'historique champ de bataille de Kossovo, il y avait perdu la vie, mais son successeur, le non moins redoutable sultan Bajazet, avait poursuivi la même politique de violence contre les infortunés Byzantins.

1

Il avait forcé l'héritier du trône de Constantinople,
Manuel, à le suivre en qualité de vassal dans ses vic-
torieuses expéditions d'Anatolie.

Le 16 février 1391, le vieux basileus Jean V, acca-
blé par tant d'infortunes et par l'usurpation crimi-
nelle d'un de ses petits-fils, avait expiré à Constantinople. Manuel avait succédé à son père, mais, pour
prendre le sceptre dans sa capitale, il avait dû s'en-
fuir de Brousse où le retenait Bajazet. Le vindicatif
sultan l'en avait puni par une nouvelle déclaration
de guerre. En 1393, les troupes turques avaient pris
la capitale bulgare de Tirnovo et transformé la Bul-
garie en un simple pachalik. Constantinople avait
été en même temps bloquée à nouveau de toutes
parts par l'armée et la flotte ottomanes.

Sur les supplications de Manuel, l'Europe égoïste
s'était enfin réveillée. Une croisade s'était organisée
en hâte dont la plus belle chevalerie française for-
mait le noyau. Elle n'avait abouti qu'au désastre
fameux de Nicopolis sur le Danube. Au mois de septembre 1396, l'armée chrétienne commandée par le
comte de Nevers, le futur Jean sans Peur, et le roi
Sigismond de Hongrie, avait été anéantie par les
forces écrasantes de Bajazet. Le blocus de Constantinople, un instant levé par le sultan, avait été aussitôt rétabli dans toute sa rigueur.

Je glisse sur les événements des quatre années sui-
vantes. Ils seront rappelés dans la suite de mon récit.

Qu'il me suffise de dire que leur gravité, sans cesse croissante, décida, à la fin de l'an 1399, le basileus Manuel à entreprendre le voyage de Venise, de Paris et de Londres pour implorer personnellement le secours des rois d'Occident contre son impitoyable adversaire. C'est ce curieux épisode qui forme le sujet du présent article.

I

Bien peu parmi les empereurs de Constantinople, en dehors de ceux de la courte dynastie latine du treizième siècle, ont fait le voyage d'Occident. Seuls trois Paléologues sont venus jusqu'en Italie ou en France rechercher contre les Turks l'appui du Pape ou des souverains d'Occident. Un seul, celui dont nous allons plus particulièrement parler, est allé jusqu'à Paris.

Le premier de ces princes qui accomplit cette lointaine odyssée d'Occident fut Jean V Paléologue qui, en 1369, se rendit avec un de ses fils à Rome pour y sceller l'Union et se concilier ainsi l'alliance du pape Urbain V et des princes latins contre le terrible sultan Mourad. Je rappelle seulement qu'arrivant comme en triomphe en Italie, il fit à Rome, dans les journées des 18 et 19 octobre, une profession de foi orthodoxe, d'abord en présence de quatre cardinaux, puis le lendemain à Saint-Pierre entre les mains du Pape et promulgua cet événement capital dans un chryso-bulle fameux, tandis qu'Urbain V en avertissait les princes chrétiens par une encyclique. Le retour fut, hélas! moins triomphant. Les marchands de Venise qui avaient prêté au basileus, à son arrivée, de fortes sommes, voyant qu'il allait repartir sans les leur rembourser avec les intérêts, mirent opposition à son départ, et l'Europe étonnée vit le successeur de Constantin prisonnier pour dettes. Heureusement que le second fils de Jean, Manuel, plein de déférence filiale, apprenant ces nouvelles à Salonique où il commandait, parvint aussitôt, à force d'activité, à réunir de grosses sommes et s'embarqua pour Venise, d'où il ramena son père, après avoir désintéressé ses féroces créanciers.

Ce même prince Manuel, successeur de son père après d'émouvantes péripéties, fit, lui aussi, nous venons de le dire, pour le même objet, un long et célèbre voyage en Occident. C'est ce voyage très curieux, dont nous savons d'assez nombreux et piquants détails, que je voudrais ici raconter. Cet empereur Manuel fut un homme tout à fait excep-tionnel. Non seulement il se montra constamment, dans les plus tragiques circonstances d'un règne per-pétuellement agité par les pires catastrophes inté-

rieures et extérieures, le plus courageux des souverains en même temps qu'un soldat accompli, très
brave et très bon, mais il fut un fin lettré, avec
toutes les qualités de l'esprit le plus distingué, un
véritable intellectuel de la meilleure marque, ayant
fait, dans sa jeunesse, les études classiques les plus
raffinées. Il était d'une prodigieuse activité littéraire,
ayant composé sur une foule de sujets divers de nombreux traités de théologie, de philosophie, de con-
troverse, et entretenu avec beaucoup d'hommes
éminents de son entourage une correspondance des
plus intéressantes; elle nous a été en partie conservée
et il s'y révèle une variété et une étendue de connais-
sances très extraordinaires pour l'époque. Son style
était d'une pureté extrême, véritablement archaïque.
Ses descriptions des paysages d'Asie Mineure, tant
parcourus par lui dans ses longues chevauchées de
guerre, sont de petits chefs-d'œuvre d'évocation.
Surtout, sa profonde érudition ecclésiastique, sa
science des humanités, étonnaient le monde. Sa
piété, sa dévotion étaient extraordinairement vives.

Aux charmes si attachants de l'esprit et de l'intelligence, Manuel joignait ceux de l'extérieur. « La nature, dit l'historien moderne qui l'a le mieux étudié,
M. Berger de Xivrey, l'avait favorisé pour les avan-
tages physiques. Les historiens nous vantent sa bonne
mine, sa tournure accomplie, la finesse et la régula-
rité de ses traits. » Un chroniqueur français, qui le

vit plusieurs fois à Paris, nous apprend qu’il était d’une taille moyenne, très bien proportionnée. Le cardinal Bessarion, dans son oraison funèbre, vante la beauté de ses cheveux blonds, qui, devenus blancs avant l’âge, ajoutaient une impression de respect à l’effet d’une grâce majestueuse. Une longue barbe blanchie également de bonne heure, étalée sur la poitrine, lui donnait un grand air. Il était d’une agilité remarquable dans tous les exercices du corps, merveilleux cavalier. Il était infiniment populaire à Byzance.

Il avait, je l’ai dit, succédé sur le trône impérial d’Orient à son père Jean V, le 16 février 1391, après avoir été dès longtemps associé à lui, en place de son frère aîné Andronic, déshérité. Toute sa vie s’était jusqu’alors passée dans les pires tribulations. Le long règne de son père, ce règne d’un demi-siècle, s’était écoulé dans les plus affreuses circonstances intérieures et extérieures : à l’intérieur, les luttes fratricides contre l’empereur Cantacuzène et contre le fils aîné de Jean, l’empereur Andronic IV ; à l’extérieur, la guerre incessante, journalière, contre les Turks, contre leurs deux redoutables sultans, Mourad et Bajazet.

Au moment de l’avènement définitif de Manuel par la mort de son père, son empire, en dehors de la lointaine Morée, se réduisait presque à la seule cité de Constantinople et celle-ci, depuis ce moment,

avait été presque constamment assiégée par l'armée
de Bajazet. En 1396, un vaste et puissant effort de
l'Occident n'avait abouti qu'à la lamentable déroute
de Nicopolis sur le Danube, dont j'ai parlé plus haut.

En l'année 1399, il y eut à Constantinople, toujours
aussi douloureusement enserrée par son cruel ennemi, comme une lueur d'espoir. Le fameux maréchal Jean de Boucicaut, le plus intrépide des chevaliers
d'Occident, un des rares survivants de Nicopolis, et
qui avait déjà séjourné à Byzance et en Orient pour
négocier la rançon du comte de Nevers et de ses
quelques compagnons de captivité, reparut à Constantinople à la tête d'un secours de douze cents
hommes d'armes, archers et valets armés. Ce secours
avait été promis dix-huit mois auparavant par le gouvernement de l'infortuné roi Charles VI de France
aux ambassadeurs que Manuel lui avait envoyés sous
la conduite de son oncle Théodore Cantacuzène Paléologue.

Boucicaut, qui s'était embarqué « à la Saint-Jean
d'été, » le 26 juin 1399, à Aigues-Mortes, arriva par
Naples, Capri, Messine, Chio, Mételin, Nègrepont
et Gallipoli à Constantinople avec une flotte de dix-
sept galères de France, de Venise, de Gênes, des
chevaliers de Rhodes et du seigneur génois de Mételin, portant six cents hommes d'armes, huit cents
arbalétriers et un grand nombre de chevaliers et
d'écuyers français, dont les deux seigneurs de Li-

nières, celui de Châteaumorand, ceux de Culan, de Milly, etc.

A ce moment précis, les affaires des Grecs allaient au plus mal. Les Turks, qui, je l'ai dit, bloquaient presque constamment Constantinople depuis huit années, étaient sur le point de s'emparer de Galata. On voit en quel péril était l'empire, et on comprend que Boucicaut, aussitôt nommé grand connétable par Manuel, fut accueilli par lui comme un envoyé de Dieu. Quatre jours ne s'étaient pas écoulés que Français et Byzantins, qu'encourageait fort la présence de ces alliés, reprenaient plus vivement la campagne : elle fut courte, mais relativement heureuse.

En quelques semaines, tous les environs de la capitale furent délivrés de la terreur turque. On ne vit plus un seul soldat de Bajazet sur les rives du Bosphore. La malheureuse cité, approvisionnée à nouveau de vivres, respira. Mais ce n'était évidemment qu'un répit. Le maréchal de Boucicaut, conscient plus que personne de cette situation désespérée, avant de retourner en France pour en ramener des troupes plus nombreuses, décida l'empereur Manuel à l'accompagner à Paris. Il s'agissait d'entraîner le roi de France et ses conseillers à tenter un nouveau grand effort pour conserver à la chrétienté cette ville de Byzance, son principal boulevard contre les Turks. Il s'agissait encore d'aller implorer pour le même objet divers autres princes d'Occident. Manuel songea même un moment à renoncer à son trône au profit du roi Charles. Boucicaut, en repartant pour la France, après un an de séjour à Constantinople, laissait derrière lui quelques centaines d'hommes d'armes et d'arbalétriers sous la conduite du seigneur de Châteaumorand, avec des vivres pour un an et assez d'argent « en mains de bons marchands pour les payer chacun mois tout le temps durant ». De leur côté, les Génois et les Vénitiens laissèrent huit galères devant Constantinople, quatre par nation.

L'empereur Manuel, empêché par les troubles inouïs au milieu desquels s'était écoulée sa jeunesse, ne s'était marié que fort tard. Il avait épousé en 1391 Irène, fille de Constantin Dragasès, qui, dès la fin de cette année, lui donna un premier fils, nommé Jean. Un second fils, Théodore, vit le jour peu après. Quatre fils en tout naquirent de cette union. Le dernier né fut Constantin, surnommé Dragasès du nom de sa mère, l'héroïque dernier souverain de Byzance. En partant de Constantinople, l'empereur Manuel, pour gouverner l'empire en son absence, nomma son vicaire le fils de son frère Andronic, son neveu, le futur Jean VII Paléologue, de triste mémoire.

II

Manuel, pour ce fameux voyage que je vais raconter et qui allait durer près de quatre années, quitta
sa capitale le 10 décembre de l'an 1399. Il s'était, à
cet effet, embarqué avec Boucicaut sur les galères de
Venise, ainsi que nous l'apprend une très précieuse
note écrite en grec à la fin d'un manuscrit conservé
à la Bibliothèque nationale (1).

« L'Empereur et le maréchal, dit le biographe
contemporain de ce dernier, l'auteur de ce livre
savoureux intitulé : *Le livre des faicts du bon messire
Jehan le Maingre, dit Boucicaut, mareschal de
France et gouverneur de Gennes,* tant errèrent par
mer depuis que ils furent partis de Constantinople,
comme dict est cy-dessus, que ils arrivèrent à Venise. Et là voulut un peu séjourner l'Empereur pour
certaines choses qu'il avait à faire avec les Vénitiens.
Sy se partit de luy le maréchal pour venir devant en
France, pour annoncer sa venue, et dire la cause qui
luy amenoit. »

Si l'empereur fit par mer ce long détour, c'est

(1) Fonds grec, mns. n° 557.

qu'il voulait confier à son frère très aimé, le despote Théodore de Morée, l'impératrice Irène, sa femme, et ses trois si jeunes fils Jean, Théodore et un autre. Il débarqua avec ces êtres précieux non loin de Sparte, ou plutôt Mistra, la cité médiévale qui a succédé à la ville de Lycurgue, capitale du despotat de Morée. Dukas, un des principaux chroniqueurs byzantins pour cette époque, affirme d'autre part que Manuel, arrivé aux rivages du Péloponèse, se sépara de sa femme et de ses enfants, en les envoyant à Modon avec trois galères, tandis que lui, montant sur un grand vaisseau, poursuivit son voyage vers Venise. J'ignore quelle est la plus probable de ces deux versions. En tout cas, l'impératrice Irène semble avoir séjourné auprès du despote son beau-frère tout le temps de la si longue absence de son impérial époux, puisque celui-ci vint la reprendre à Mistra à son retour de France, avant de rentrer à Constantinople.

Plusieurs chroniques byzantines, quelques chroniqueurs français et italiens, quelques autres encore, nous ont donné divers précieux détails sur ce voyage en lui-même si étrange d'un empereur de Constantinople en Occident, mais ces détails, hélas! n'ont rien de régulier. Ils sont même fort intermittents. Nous connaissons un peu le très curieux et très long séjour que le basileus fit à Paris. Nous avons quelques indications sur ceux infiniment plus courts qu'il fit à Venise à l'aller comme au retour, à Londres et aussi à Gênes. Mais, en dehors de ces deux villes de Venise et de Gênes, nous ne savons que bien peu de chose sur ses deux traversées de l'Italie, rien absolument sur ses deux traversées de la France, des Alpes à la Manche. Je rapporterai exactement toutes les informations d'un caractère sérieux que j'ai pu recueillir et dont pas une n'est à négliger pour un aussi extraordinaire voyage.

Nous ne possédons aucun renseignement sur les personnages probablement nombreux : conseillers, courtisans, dignitaires ecclésiastiques, fonctionnaires, serviteurs de toutes catégories, qui accompagnèrent l'empereur dans cette absence de quatre années. Nous ne savons rien des bagages, certainement très considérables, qui le suivaient, rien des cadeaux emportés par lui et destinés aux divers souverains qu'il allait visiter, à leurs familles et à leurs cours, cadeaux probablement de grande valeur, malgré l'état si précaire et les finances si misérables de l'empire. Probablement aussi, on avait mis à contribution les derniers joyaux du palais impérial si extraordinairement appauvri depuis le grand pillage de 1204 par tant de catastrophes successives.

Nous ne savons rien non plus du trajet impérial entre Mistra et Venise. — Vraisemblablement, il y eut arrêt dans plusieurs villes de la côte dalmate.

La République de Venise fit à l'empereur Manuel

une réception magnifique. Elle désirait lui faire oublier
les incidents de l'an 1370 et son triste séjour d'alors.
Le doge alla en grande pompe à sa rencontre jusqu'à
l'entrée de la Lagune, monté sur le fameux *Bucen-
taure*. C'était au plus beau temps encore de la richesse
et de la puissance vénitiennes. Le Sénat tout entier
rendit les plus grands honneurs à l'impérial voyageur.
Il fut somptueusement logé dans le palais du marquis
de Ferrare. On dépensa de grosses sommes, plus de
deux cents ducats, pour lui donner une fête. Il eut
avec le grand conseil de la République plusieurs con-
férences où il put exposer en toute liberté la situation presque désespérée de l'empire. On l'écouta
avec la plus extrême sympathie. On lui fit les plus
belles et les plus solennelles promesses de secours.
Le soir, sans doute, sur la place Saint-Marc et sur le
quai des Esclavons, sous les piliers augustes du
palais ducal, Byzantins et Vénitiens devisèrent avec
une émotion soutenue du terrible Bajazet, ce fléau
du monde chrétien, et de ses farouches et innombrables soldats, déjà répandus par centaines de mille
dans la péninsule des Balkans. Les chroniqueurs italiens qui nous donnent ces bien rares informations
sur le séjour du basileus Manuel dans la grande cité
vénitienne, le désignent presque constamment sous
le nom de *Chiaramomolle*. L'auteur de la *Vie de
Boucicaut* l'appelle *Karmanoli*. L'une comme l'autre
de ces appellations n'est qu'une déformation de la

forme grecque régulière *Kyr Manouel*, le *Seigneur
Manuel*. Boucicaut, dès l'arrivée du basileus à
Venise, avait poursuivi sa route, voulant, nous
l'avons vu, préparer la réception de celui-ci à Paris
et expliquer les causes de cet impérial voyage.

III

En quittant Venise, après un séjour dont nous
ignorons la durée exacte, l'empereur, poursuivant sa
route vers l'Ouest, se rendit à Padoue Avant d'y
faire son entrée, il fut successivement rejoint par
deux des fils du seigneur de cette ville, François de
Carrare. Les jeunes princes étaient accompagnés de
la plus brillante suite, toute la noblesse padouane,
qui fit cortège à l'empereur jusqu'à la cité. Tous ces
honneurs avaient singulièrement retardé la marche
de cette magnifique cavalcade. Quand on atteignit la
Porte de Tous-les-Saints, par laquelle se fit l'entrée
dans Padoue, il était une heure du matin. François
de Carrare et son voisin de Ferrare, accouru pour la
circonstance, firent à l'empereur un accueil des plus
empressés. Un peuple immense encombrait les rues
merveilleusement illuminées par une multitude de
torches. Manuel était certainement à cheval avec

toute sa suite dans les plus riches accoutrements orientaux. Après les salutations solennelles, les princes conduisirent leur hôte au palais, aux sons de mille instruments, aux acclamations de la foule. Un festin, qui dura le reste de la nuit, termina cette réception grandiose.

Après quelques jours passés dans cette cité si opulente, si élégante, déjà si riche en chefs-d'œuvre de l'art, si hospitalière, l'empereur se rendit à Vicence. Nous ne savons, hélas! rien de son séjour en cette belle cité. Après cette halte, un arrêt semblait s'imposer à Milan, mais le duc de cette ville, Jean Galéas Visconti, se trouvait pour lors à Pavie et c'est là que ce souverain, alors peut-être le plus fortuné, le plus puissant et le plus fastueux de l'Italie, attendait son auguste visiteur. Si celui-ci sur sa route s'arrêta à Milan, ce ne dut être que comme gîte d'étape.

A Pavie, la réception fut peut-être plus somptueuse encore qu'à Padoue. Tous ces princes italiens rivalisaient de luxe pour recevoir ce souverain oriental qu'ils avaient, depuis si longtemps, si honteusement abandonné. Jean Galéas était alors au plus haut point de sa fortune. Sa tête était pleine des projets les plus extraordinaires. Il ne rêvait de rien moins que de réaliser à son profit l'unité italienne. Il entrait dans ses plans de soutenir à Constantinople cet adversaire de la puissance ottomane qui, seul, maintenait encore les forces du sultan éloignées des rivages italiens de l'Adriatique. Il fit à Manuel et à sa suite les plus splendides et les plus nombreux présents. Il lui promit solennellement qu'aussitôt que les autres princes et souverains occidentaux s'apprêteraient à le soutenir, il se rendrait en personne avec toutes ses forces au secours de sa couronne et de son empire. Il mit le comble à tant de promesses et de prévenances en fournissant à l'illustre voyageur la plus nombreuse et la plus excellente escorte d'hommes et de chevaux pour son voyage en France à travers les Alpes. Combien il serait intéressant de pouvoir reconstituer par la pensée cette magnifique cavalcade qui, des plaines de l'Italie, transporta à travers les Alpes sauvages et glacées, nous ignorons par quelle route, probablement par celle du Mont-Cenis, dans les parages du Dauphiné, l'impérial cortège et sa suite gréco-italienne certainement fort nombreuse ! Hélas ! nous ne possédons pas le moindre document à ce sujet. On était au printemps. L'empereur et son cortège serpentant aux flancs des monts, durent traverser des champs de neige comme le basileus n'en avait point vu depuis ses pénibles chevauchées en Anatolie à la suite des armées de Bajazet.

Nous ne savons rien non plus du long et pénible voyage jusqu'à Paris. Dans combien de vieilles cités françaises, l'impérial cavalier fut-il reçu par les gouverneurs royaux, les magistrats et le clergé aux sons des instruments, au milieu de foules immenses fié-

vreusement accourues de toutes parts pour admirer
ce spectacle unique au monde, cet empereur héré-
tique si lointain, si célèbre, qui venait rendre visite à
travers toute l'Europe à l'héritier des Lis!

« Charles VI, dit Jean Juvénal ou plutôt Jouvenel
des Ursins, autre chroniqueur comtemporain, regar-
dait comme un honneur tout à fait extraordinaire
pour son règne cette visite du fameux empereur
d'Orient, et il n'avait rien négligé pour le dignement
recevoir. Il avait envoyé à sa rencontre aux confins
du royaume un certain nombre de chevaliers et
d'écuyers. D'autres avaient été échelonnés tout le
long de la route par laquelle Manuel devait passer,
afin que, dans toutes les villes de son parcours, il fût
reçu, logé, défrayé de la manière la plus riche aux
frais uniques de la couronne de France. »

« Le Roi, dit, de son côté, l'autre chroniqueur
contemporain le plus important, le Religieux de
Saint-Denys, attendait depuis longtemps l'arrivée de
Monseigneur Manuel, empereur de Grèce. Il fut
charmé d'apprendre que l'illustre souverain d'un si
fameux empire avait abordé dans ses États. Cet événement extraordinaire lui paraissait très honorable
et très glorieux pour son règne, et il songeait avec
orgueil qu'aucun de ses prédécesseurs n'avait reçu
une marque si précieuse de la faveur du ciel. Il
résolut donc de recevoir l'empereur avec toutes
sortes d'égards. »

Si, pour le voyage de l'empereur d'Italie en France, nos informations sont presque nulles, nous sommes mieux renseignés pour l'entrée et le séjour à Paris, pour l'entrée surtout qui est racontée assez en détail par quelques-uns des historiens du roi Charles VI. On sent que cet événement si étrange pour l'époque fit sur tous les Français la plus profonde impression. Le chroniqueur contemporain qui en a parlé le plus longuement est le célèbre anonyme dit le Religieux de Saint-Denys, auteur de la *Chronique* de ce nom. « Le conseil du Roi, dit celui-ci, avait pris toutes les dispositions pour que l'entrée à Paris du souverain grec et de son escorte se fît avec la plus grande magnificence, la plus royale solennité, avec toute la pompe que commandait l'honneur de la France. »

L'empereur, venant probablement de Melun, arriva le 3 juin 1400, vers neuf heures du matin, au pont de Charenton, bourg situé à deux petites lieues de Paris, au confluent de la Seine et de la Marne. Il y fut salué par une magnifique procession de plus de deux mille bourgeois parisiens à cheval accourus à sa rencontre, rangés dans le plus bel ordre des deux côtés de la route. La foule des curieux attirés par ce spectacle extraordinaire devait être immense en ce point comme sur tout le reste du si long parcours. Toute la population de Paris, secouée par la plus intense curiosité, était descendue dans la rue. Après s'être avancé encore de la portée d'une flèche, l'empereur trouva le chancelier du royaume, probablement Arnaud de Corbie, et derrière celui-ci les présidents et toutes les Chambres du Parlement en grand costume, suivis de plus de cinq cents personnes de leur suite. Le chancelier, tous les conseillers, tous les officiers défilèrent respectueusement devant l'empereur en le saluant profondément. Poursuivant sa route, Manuel rencontra successivement dans leurs robes rouges les cardinaux Pierre de Thurey, Amédée de Saluces, évêque de Valence, et leur collègue d'Aix, qui se trouvaient actuellement à Paris, eux aussi à cheval. Nouveaux compliments, nouvelles politesses échangées. Enfin, un peu plus loin, l'illustre voyageur aperçut le jeune roi Charles VI, pour l'instant remis de son dernier accès de démence. Dans le somptueux accoutrement des Lis, Charles s'avançait à la rencontre de son hôte, entouré des autres princes du sang, ses oncles, « d'une multitude de ducs, de comtes, de barons, de toute l'immense et brillante noblesse française réunie à cette heure à Paris dans ses plus beaux atours ». Ce fut en ce jour de printemps le plus merveilleux spectacle. La noble physionomie de l'empereur faisait l'admiration et attirait la sympathie de tous. D'innombrables musiciens sonnaient des trompettes et toutes sortes d'instruments. La foule populaire infinie applaudissait frénétiquement.

Le charmant jeune roi, si intéressant avec son

aspect maladif, ôta son chaperon. Aussitôt l'empereur, dont le costume tout oriental d'une richesse
éblouissante n'admettait pas ce genre de coiffure
alors seul autorisé par la mode dans le royaume de
France, enleva à son tour son bonnet impérial. C'est
encore le moine de Saint-Denys qui nous donne ce
détail. Les deux princes, cherchant par courtoisie à
se prévenir l'un l'autre, s'adressèrent à la fois une
salutation, le roi en français, l'empereur en grec.
Mettant pied à terre, ils s'avancèrent l'un vers l'autre
et se donnèrent le baiser de paix, s'embrassant avec
effusion. Le jeune roi s'efforça d'accompagner ces
démonstrations d'un air riant et gracieux que chacun
remarquait aisément sur son visage. Il cherchait à
témoigner à son hôte, par ses paroles et son air de
satisfaction, qu'il était ravi de son arrivée. Puis les
deux souverains, remontant à cheval et cheminant
côte à côte, se mirent en marche pour entrer enfin
dans Paris, « parés tous deux de grâce et de gravité ». J'ai dit la belle prestance du basileus. Le roi,
quoique affaibli par la maladie, avait encore toute la
jeunesse de ses trente-deux ans et ses traits réguliers
respiraient la bonté.

Le Religieux de Saint-Denys nous dit que Manuel
portait un vêtement impérial de soie blanche. Il
n'avait alors que cinquante-deux ans, mais, tant de
tribulations l'ayant vieilli avant l'âge, il paraissait
beaucoup plus vieux. Il était de moyenne taille. Mais

sa longue barbe blanche étalée sur sa large poitrine,
ses membres robustes, ses longs cheveux également
blancs descendant sur ses épaules, attiraient tous les
regards et faisaient dire à chacun qu'il était bien
digne de porter la couronne impériale. Il était resté
souple et léger, grâce à une extrême pratique des
exercices du corps. Aussi, lorsque le roi Charles lui
eut fait amener ce jour-là, à la porte de la capitale,
certainement la porte Saint-Antoine, un coursier
blanc, honneur souverain que Charles V, son père,
avait refusé dans les mêmes circonstances, le 4 janvier 1378, à l'empereur d'Allemagne Charles IV, la
foule parisienne fut émerveillée de le voir, sans
daigner mettre pied à terre, bondir avec une suprême
légèreté du cheval qu'il montait sur celui qu'on lui
présentait. La superbe procession traversa les rues
de la ville admirablement parées, encombrées d'une
foule immense, les deux souverains chevauchant
constamment côte à côte, suivis des princes du sang
et de tous les autres hauts personnages, chacun selon
son rang. Un somptueux banquet les attendait, servi
à l'Hôtel Saint-Pol, alors encore demeure royale.
Sur ce banquet où des discours durent être échangés
par interprètes et où la Cour de France déploya certainement la plus grande magnificence, nous n'avons
pas d'autre détail. Plus tard, le même cortège conduisit l'empereur aux appartements qui lui avaient
été préparés au Palais du Louvre. « Et estoit l'hostel,

dit Jean Juvénal des Ursins, très bien habillé et paré, et là l'Empereur tenait son estat aux despens du Roy.»

Chose amusante et curieuse, parmi les objets de prix entassés dans cet appartement, il y avait une tapisserie d'une si grande beauté qu'elle fit l'admiration de l'impérial visiteur. Il la trouva tellement de son goût qu'il s'est amusé à la décrire dans ses plus grands détails, dans une des pages les plus élégantes, écrites de son écriture même, qui, par bonheur, nous soient parvenues de lui. Ce devait être certainement une de ces magnifiques tapisseries des Flandres alors si à la mode. L'empereur, accoutumé aux seules tentures orientales, arabes, persanes ou byzantines, n'avait jamais rien vu de pareil. Sa description est intitulée : *Représentation du Printemps sur une tapisserie royale qui est au palais royal à Paris.*

Ce détail est déjà fort intéressant, mais, par une véritable bonne fortune, dans cette correspondance manuscrite de Manuel qui nous a été conservée et qui est à la Bibliothèque nationale, une trace demeure encore bien plus nette de son séjour en France. C'est une lettre non datée, certainement rédigée à Paris, adressée par l'empereur à un de ses familiers, Kyr (1) Manuel Chrysoloras, et qui a été publiée pour la première fois par M. Berger de

____

(1) « Seigneur ».

Xivrey. En voici la traduction telle que cet érudit nous l'a donnée :

« Au Seigneur Manuel Chrysoloras,

« Bien des fois nous avions voulu t'écrire ; mais la main retombait, faute d'avoir rien à te marquer qui te pût faire plaisir. Le voyage était pénible et les incidents n'avaient rien de gracieux. A cela ajoute la différence de langage, qui nous privait de lier conversation comme nous l'aurions voulu avec des hommes tout à fait bons et disposés à nous être agréables. Enfin, nous sommes en France, et notre main court d'elle-même, s'efforçant de t'écrire ce qu'il faudrait pouvoir exposer de vive voix, car cela dépasse de beaucoup les limites d'une lettre. Notre lettre est commencée, mais pourtant elle essayerait vainement d'énumérer chaque chose. Nombreuses sont celles que le gracieux Roi nous a accordées, nombreuses aussi celles que nous avons obtenues de ses parents, des dignitaires de sa Cour et de son monde. Ils ont montré la noblesse de leur âme, leur affection pour nous et leur zèle solide pour la Foi. En nous résumant, si la jalousie habituelle de la mauvaise fortune ne nous envoie pas quelque coup imprévu, nous avons bon espoir de retourner bientôt dans notre patrie, comme tu le souhaites et comme nos ennemis le redoutent. »

Cette lettre, d'un tour si aimable, s'accorde parfaitement, comme le fait remarquer M. Berger de Xivrey, avec ce que dit en particulier le Religieux de Saint-Denys, des charmantes attentions que le roi et les princes du sang ne cessèrent d'avoir pour le basileus durant tout son séjour à Paris, attentions dont le concours et la persévérance font honneur à une époque où l'on comprenait ainsi chez nous l'hospitalité. Le roi Charles VI surtout, ce séduisant et infortuné souverain qui eut, à l'arrivée de l'empereur, un long intervalle lucide de son affreuse maladie, multipliait sous mille formes, pour son hôte, l'expression de sa plus gracieuse courtoisie. Dès son arrivée, il lui avait assigné sur le trésor royal des sommes très considérables, suffisantes pour qu'il pût tenir un état de maison convenable à sa dignité. Tantôt, pour complaire à sa dévotion, il visitait avec lui les églises les plus renommées, les plus fameux monastères de la capitale, les reliques les plus vénérées, tantôt il lui offrait le plaisir de la chasse. Ils avaient aussi ensemble, par trucheman, des conversations fréquentes, tantôt en particulier, tantôt en conseil. En outre, Charles comblait son hôte et tous les personnages de sa suite, jusqu'aux plus infimes, des plus riches présents. Chose curieuse, M. Berger de Xivrey a retrouvé au Cabinet des Titres, à la Bibliothèque nationale, deux petites pièces de comptabilité qui, échappées à tant de causes de destruction, font aujourd'hui encore mention de ces nobles largesses. Toutes deux sont extraites des comptes du Trésorier royal, Charles Poupart, en l'an 1400.

Voici la première :

« A Maxe Couxe Tsesalo (1), trésorier de l'empereur de Constantinople, XVI cents livres pour ledit empereur, en déduction de la plus grande somme en août MCCCC. »

La seconde est ainsi conçue :

« A Regnaut Pisdoc, changeur, pour un hanap et une aiguière d'or, délivré au Roy, notre Sire, qui l'a fait présenter de par luy à l'empereur de Constantinople. »

Louis, troisième duc de Bourbon, oncle maternel de Charles VI, dont l'hôtel était tout voisin du Louvre, se distinguait entre tous les oncles du roi et les princes du sang par les attentions dont il comblait Manuel. « De quoy l'Empereur et sa chancellerie grezoise (2), dit l'historien de Louis, Jean d'Orronville, l'avoient moult à gré. Et par iceux jours que l'Empereur grezois estoit à Paris, fut faict le mariage de Jean, comte de Clermont, fils au duc de Bour-

_____

(1) Pièce intitulée : *Quatorzième compte extraordinaire de Charles Poupart jusqu'au 1ᵉʳ octobre 1400.*

(2) Pour « grecque ».

bon, et de l'excellente et vertueuse princesse, dame Marie, fille au duc de Berri, laquelle avoit esté comtesse de Blois et d'Eu; où fut la feste grande et solennelle. »

Le Religieux de Saint-Denys nous a conservé le détail de cette fête nuptiale splendide, qui fut célébrée le 24 juin, jour de la Saint-Jean-Baptiste, donc peu de jours après l'arrivée de l'empereur. Celui-ci et sa suite durent y concevoir une idée extraordinaire de la magnificence et de la galanterie de la Cour de France! Le roi Charles avait voulu prendre à sa charge et célébrer royalement ces noces de deux enfants de la maison de France. Le banquet nuptial fut servi au fameux Hôtel Saint-Pol, au quai des Célestins, sur une vaste table en fer à cheval, couverte d'un riche tapis tissé de lis d'or. Un dais superbe, également tout semé de fleurs de lis d'or, s'élevait au-dessus des convives. La nouvelle mariée, « l'auguste comtesse d'Eu, fille de monseigneur le duc de Berri, oncle du Roi, et veuve du comte d'Eu, connétable de France, qui avait péri dans l'expédition de Hongrie, » était au milieu, entre le roi Charles et la reine Isabeau. De l'autre côté du roi était assis l'empereur Manuel, auquel Charles cédait ainsi la place d'honneur et après lequel venait le légat du Pape, le cardinal-prêtre français du titre de Sainte-Suzanne, Pierre de Thurey, évêque de Maillezais, qui avait officié à la messe de mariage. De l'autre

côté de la reine étaient le roi Louis de Sicile, puis
son frère Charles, prince de Tarente.

Le jour suivant, le duc de Berri, père de la nouvelle mariée, ce prince si amoureux des arts, si fastueux, dont les riches collections sont demeurées
célèbres, invita à son tour les mêmes convives et
toute la Cour à un autre banquet pour le retour de
noces dans son si bel hôtel de Nesle. Celui-là fut,
parait-il, un des plus splendides qu'on ait jamais vus.
Comme l'hôtel de Nesle ne contenait pas des appartements assez grands pour la foule des convives, le
duc de Berri avait fait construire dans la cour une
immense salle en bois, au vaste plafond et aux parois
entièrement tapissés d'étoffes tissées d'or et de soie.
Le Religieux de Saint-Denys nous dit que les princes
du sang, afin de donner plus d'éclat à la solennité,
firent au duc l'honneur, entièrement contraire à
l'usage, de servir les plats sur la table aussi bien au
dîner qu'au souper qui clôtura la soirée de musique
et de danses.

Enfin, le jeune roi ne cessait de s'occuper de tout
ce qu'il pensait pouvoir être agréable à son hôte
impérial. Manuel, ravi de ce parfait accueil, semblait parfois oublier pour quelques instants, au milieu de ces fêtes incessantes, les cruelles anxiétés qui
l'accablaient. Ce prince, d'une nature si délicate,
d'une intelligence si fine, exerçait dans ce milieu très
élégant, mais beaucoup moins raffiné, une fascina-

tion extraordinaire. « Ce noble prince et bel vieillard, monseigneur Manuel Paléologue, empereur de Constantinople, » dit Jean d'Orrouville. « Car sans faillir, dit à son tour l'historien de Boucicaut, est l'empereur Carmanoli, prince de grand révérence, bon, prudent et saige, et est pitié dont il est en telle adversité. » « Tous ceux qui l'ont vu, dit l'Anonyme de Saint-Denys, ont été frappés de sa bonne mine et l'ont jugé digne de l'empire. » « Et quand l'Empereur, dit encore l'historien de Boucicaut, est assez reposé, il dict bien et saigement au Roy, présens nos Seigneurs en plein Conseil, la cause qui le menoit en France. Si luy feut donnée response bonne et gracieuse, et de bonne espérance. Et sur ce eut le Roy advis avec son Conseil, et par plusieurs fois en feust parlé avant que la chose ne feust concluë. » On aimerait à pouvoir ressusciter par la pensée une de ces entrevues de l'aimable et infortuné roi de France avec son hôte si sympathique : les deux illustres interlocuteurs assis familièrement en quelque embrasure d'une fenêtre du vieux Palais du Louvre, donnant sur la rivière, devisant à l'aide de leurs truchemans sur le moyen le plus efficace de mettre une barrière aux effroyables progrès de la puissance ottomane, de sauver l'Europe et la chrétienté des griffes de l'impitoyable Bajazet!

L'empereur Manuel et sa suite se faisaient dire la messe dans leur chapelle particulière d'après la litur-

gie et la mode d'Orient. Ce fut, durant cette fin de
l'année 1400, la grande vogue pour le public élégant
parisien, peu familiarisé avec cette sorte de spec-
tacles, d'aller assister à ce service religieux si diffé-
rent du culte catholique romain par la splendeur de
ses pompes, le luxe des vêtements ecclésiastiques, la
foule des icones, l'étrangeté des chants pieux. Nobles
et bourgeois raffolaient de ces cérémonies si complè-
tement nouvelles. « Faisoyent, dit Jean Juvénal des
Ursins, le service de Dieu suivant leurs manières et
cérémonies, qui sont bien estranges, et les alloit voir
qui vouloit. »

Cependant le pauvre roi Charles était retombé
dans un de ses pitoyables accès de démence et la
joyeuse Cour de France en était à nouveau plongée
dans la tristesse. Il semble que l'empereur Manuel
ait saisi cette occasion pour aller rendre visite à un
autre des souverains dont il désirait implorer l'appui,
le lointain roi d'Angleterre, ce roi dont bien probablement l'immense majorité des sujets du basileus
n'avaient jamais entendu prononcer le nom. Ce qui
le ferait croire, c'est que Manuel, au lieu d'attendre
la saison favorable, passa la Manche à une des pires
époques de l'année, vers le commencement de décembre. On peut encore remarquer, dit fort bien
M. Berger de Xivrey, que l'empereur grec était seulement depuis quelques mois à Paris où il resta encore
deux ans entiers après son retour d'Angleterre, et il

ne séjourna du reste guère plus d'un mois en Angleterre. Comme nous allons le voir, il a raconté lui-même que sa traversée fut très mauvaise, troublée par une violente tempête. Charles VI était retombé malade déjà avant le mois de septembre. Le 2 de ce mois, il s'était bien remis, avait repris toute sa raison et avait été en remercier Dieu à Notre-Dame, mais, hélas! dès la semaine suivante, il retombait « en frénésie ». Cet état dura jusqu'à la première semaine de janvier, sauf une accalmie à Noël et à l'octave de cette fête qui permit au pauvre souverain de célébrer dévotement les grandes fonctions de la Nativité en l'église Saint-Paul, au faubourg Saint-Antoine. Très certainement Manuel, voyant ce piteux état se prolonger, comprenant que, vu la folie du pauvre roi, ses conseillers ne pouvaient lui donner que de faibles espérances, s'était décidé d'être de retour lorsque le jeune souverain regagnerait une fois de plus la santé. Manuel n'avait du reste appris qu'à Paris le changement violent de gouvernement qui venait d'avoir lieu en Angleterre.

Notre voyageur s'embarqua à Calais pour prendre terre à Douvres le 11 décembre 1400. Une de ses premières étapes sur le sol anglais fut Canterbury dont la splendide cathédrale reçut sa visite dès le 13. Les révérends Pères Augustins lui firent la plus belle réception, prélude de celle dont allait l'honorer le nouveau souverain d'Angleterre, Henri IV de Lau-

castre. L'heure était bien mal choisie toutefois pour
un pareil voyage et pour venir demander un secours
si important à la couronne britannique. Il y avait bien
peu de temps, en effet, que, par un odieux attentat,
Henri avait détrôné son suzerain et son parent le jeune
roi Richard II, gendre du roi de France. Il avait été
proclamé le 30 septembre 1399 après la déposition de
Richard et venait de mettre le comble à ses crimes
en faisant assassiner le malheureux prince captif à
Pontefract en cette présente année 1400. Sa couronne
ensanglantée était encore bien mal affermie sur sa
tête. Il régnait dans les esprits une grande fermenta-
tion. Les séditions éclataient de toutes parts. Les
exécutions de vassaux révoltés se succédaient sans
répit. Le nouveau roi n'en fit pas moins à son hôte
la plus belle réception, digne suite de celle qu'il avait
eue à Paris. Peut-être même tant de circonstances
difficiles furent-elles une raison majeure pour que
Henri de Lancastre mît plus de recherche à éblouir
Manuel par la magnificence même de son accueil.
Nous avons malheureusement beaucoup moins de
détails sur le séjour de Londres que sur celui de
Paris.

L'historien anglais du seizième siècle, Thomas
Walsingham, raconte que le roi Henri, qui s'était fait
précéder par lord Grey de Codnor (1), alla au-devant

(1) J'emprunte ce détail à un intéressant opuscule du professeur
Antoine Montferrat d'Athènes. — Les dépenses faites à cette occasion

du cortège impérial jusqu'à Blackheath. C'était le jour de la fête de saint Thomas, apôtre, le 21 décembre. Il fit à l'empereur, comme il convenait, la réception d'un héros, le conduisit à Londres en procession solennelle et, pendant plusieurs jours, lui donna dans cette ville, puis à Eltham pour la Noël, une hospitalité aussi honorable que somptueuse, le comblant de présents dignes de son rang. Voici à peu près tout ce que nous saurions sur ce voyage étrange du successeur de Constantin dans la capitale anglaise si, par une véritable autre bonne fortune, nous ne possédions le texte même d'une lettre de l'empereur toujours à son même familier, Manuel Chrysoloras, écrite certainement durant son séjour dans la capitale anglaise. Ce document si intéressant fait partie de ce précieux manuscrit des œuvres littéraires de l'empereur conservé à la Bibliothèque nationale, dont j'ai parlé déjà.

Écoutons l'impérial narrateur en son style verbeux d'une élégance si affectée. « Le prince auprès duquel nous résidons maintenant, le roi de la Grande Bretagne, cette contrée qu'on pourrait appeler un autre monde, prince inondé de biens, orné de mille qualités, admiré de ceux mêmes qui ne le connaissent pas, et faisant dire à qui l'a vu une seule fois que la renommée, perdant son pouvoir de déesse, est

par ce haut personnage de la cour d'Angleterre demeurèrent de nombreuses années impayées.

impuissante à célébrer un tel mérite ; ce prince, illustre par la dignité, illustre par l'esprit, qui frappe par sa force, gagne des amis par sa prudence, et présente à tout le monde une main secourable, s'offrant comme le protecteur universel de quiconque a besoin de protection, a suivi son instinct naturel, en devenant pour nous un port après une double tempête, l'une de la nature, l'autre de la fortune. Sa conversation est pleine de charme ; il nous réjouit de toutes les manières, nous honore et nous aime également. Seul il pense que tout ce qu'il fait pour nous n'est pas encore assez, et il semble presque en rougir, tant il est magnanime. » La lettre se termine par ces lignes : « Il nous accorde un secours en hommes d'armes, en archers, en argent et en vaisseaux qui transporteront l'armée où besoin sera ! »

Hélas ! toutes ces promesses qui rendaient le pauvre empereur si heureux, n'étaient que vaines paroles, et Manuel qui, au premier moment, nous le voyons par sa lettre, semble avoir été plus ébloui de la fastueuse réception anglaise que de celle même de Paris, ne récolta à Londres que des espérances qui ne se réalisèrent jamais. Lui qui semble ne trouver aucune parole capable d'exprimer l'admiration que lui cause ce roi d'Angleterre si séduisant, n'obtint finalement de ce prince ni un bâtiment, ni une compagnie d'hommes d'armes, ni un subside quelconque !

Et cependant le pauvre Manuel, de retour à Paris le 26 février 1401 (1), semble bien, d'après sa correspondance, avoir conservé encore quelque temps les espérances qu'avaient fait naître en lui les fallacieuses promesses du roi Henri. « Nous savons bien, écrivait-il de Paris à l'archevêque Euthymios, celui-là même qui fut plus tard patriarche de Constantinople en 1410 sous le nom d'Euthymios ou Euthyme II; nous savons bien que pour sauver il faut des actions et non des paroles... Mais heureusement à présent les espérances que tu avais conçues se réalisent et nos affaires prennent de toutes parts un cours prospère. Les chefs de l'expédition sont choisis; on n'attend plus que l'époque fixée pour notre retour près de vous. Il fallait d'abord déterminer le jour et le lieu où les troupes des Bretons (les Anglais) et les autres alliés se réuniraient... Nous n'attendrons pas beaucoup pour revenir nous-même à la suite de cette bonne nouvelle, et avec l'aide de la Très Sainte Théotokos, tu nous verras rentrer à la tête d'une armée réunie et l'on peut dire choisie de toutes parts! »

Revenons au nouveau séjour de Manuel à Paris. Il y fut donc de retour au mois de février 1400, ou plutôt 1401, nouveau style, puisque, d'après la manière actuelle de dater, ce mois se trouve compris dans

______

(1) La suite de l'empereur ne rentra en France que dans les premiers jours de mai (Antoine Montferrat, *ibid.*)

cette année-là. Peu de jours après, Charles VI, une fois encore revenu à la santé, sachant le goût passionné de son hôte pour toutes les cérémonies de la religion, voulut lui donner un spectacle qui le charmerait et l'invita à venir le 25 février à la basilique royale de Saint-Denys, pour y assister aux offices solennels célébrés dans cette plus illustre abbaye de France pour la fête de la Dédicace, dont ce jour était l'octave. Charles VI, encore souffrant, n'avait pu à son vif regret assister à ce premier jour de fête. Il s'en dédommageait par sa pieuse visite le jour de l'octave. Il voulait aussi rendre grâces à Dieu pour son retour à la santé. Le Religieux de Saint-Denys raconte que le roi voulait partir d'avance pour se trouver à la basilique à l'arrivée de l'empereur. Mais celui-ci, répondant par une semblable attention à la politesse du roi, partit de même avant lui pour Saint-Denys dans l'intention de l'y recevoir. Charles, de son côté, ne se laissant pas gagner de vitesse, rejoignit l'empereur sur la route. Les deux princes cheminèrent ensuite de conserve jusqu'à l'insigne basilique dont le roi fit lui-même les honneurs à son hôte.

Tout le restant du jour, Charles et Manuel assistèrent ensemble très dévotement à toutes ces longues et superbes fonctions, à tous les offices. Nous savons par le Religieux de Saint-Denys, spectateur probable de ces scènes curieuses, que ceci fit murmurer beaucoup d'intolérants à Paris. « Beaucoup d'hommes sages et instruits, dit-il, furent scandalisés et indignés par ce spectacle, affirmant qu'il était impie pour des Français de suivre les offiees d'accord avec les Grecs schismatiques, séparés de l'Église romaine, de voir un roi de France faire publiquement des actes de religion en la compagnie d'un schismatique. D'autres, au contraire, en étaient édifiés et approuvaient le roi de cette tolérance pour un prince, son hôte, donnant pour excuse qu'il agissait de la sorte pour s'efforcer de ramener celui-ci dans la vraie religion et lui préparer la voie pour rentrer dans la communion de l'Église romaine. »

« Mais le Religieux de Saint-Denys et ceux qui pensaient comme lui, dit M. Berger de Xivrey, ne connaissaient pas ce qu'il y avait d'inébranlable dans les convictions religieuses du prince grec. » Je cite tout ce passage de cet auteur : « On ne saurait, poursuit-il, donner une preuve plus frappante de ces dispositions de l'empereur que celle qui nous est fournie par l'écrivain Léon Allatius. Cela se passa à l'occasion d'un petit ouvrage que présenta à Manuel, durant son séjour à Paris, un théologien, docteur en Sorbonne, qui habitait un des faubourgs de la capitale. Le sujet de cet ouvrage était l'un des plus goûtés à cette époque : une dissertation sur la double Procession du Saint-Esprit, du Père et du Fils, en faveur de laquelle argumentait le savant parisien, conformément à l'article du symbole : *Qui ex Patre Filioque procedit*, article reçu dans l'Église des Gaules dès une époque antérieure au concile de Gentilly, près Paris, tenu à la Noël de l'an 756 (1). »

Manuel, pendant ses longs loisirs de ce long séjour à Paris, où il ne se lassait pas d'attendre un secours que son hôte ne se lassait pas de lui promettre, s'occupa à composer une réfutation du livre du docte Parisien, réfutation aussi longue que ce livre était court, et qu'il divisa en plus de cent cinquante-sept chapitres. Cet ouvrage est encore inédit. Le basileus y attaque la primauté papale, ce qui était bien maladroit de sa part, car il n'avait pas d'ami plus dévoué que le pape Boniface IX. Léon Allatius (2), le plus chaud partisan de la double procession et de la réunion des deux Églises, ne peut retenir sa colère au seul titre de cet ouvrage qu'il avait sous les yeux et qui se trouvait à la Bibliothèque du Vatican dont il avait alors la garde.

Allatius continue en tournant en ridicule la longue et verbeuse réponse de l'empereur au si bref traité latin. Il ne craint pas de traiter de sots et de prolixes les arguments impériaux si passionnés. « Il faut dire, poursuit M. Berger de Xivrey, que la passion dont

(1) Les envoyés des Grecs y reprochèrent déjà aux évêques des Gaules d'avoir ajouté au symbole de Constantinople les mots *Filioque*, admis depuis longtemps en Espagne.

(2) Dans son ouvrage intitulé : *De Ecclesiæ occidentalis atque orientalis perpetua consensione*, Cologne, 1648.

Allatius fait lui-même preuve infirme jusqu'à un certain point son jugement, et peut-être n'a-t-il pas toute la clairvoyance d'une vue impartiale lorsqu'il fait observer, en outre, que Manuel se déchaîne dans cet ouvrage contre l'Église romaine et contre le Pape. Mais l'obstination religieuse des Grecs les plus éclairés, qui achève ainsi d'être démontrée d'une manière complète par l'exemple du plus haut placé et du plus savant d'entre eux, motive suffisamment les doléances d'Allatius sur l'état désespéré d'une nation qui, dans les circonstances les plus critiques, ne voulut jamais sincèrement faire aucune concession au reste de l'Europe chrétienne, de qui seule elle attendait le salut. » Manuel s'intéressa aussi, dit M. M. Jugie (1), à la question du jour si ardemment débattue entre Dominicains et Franciscains : l'Immaculée Conception de la Vierge. Ainsi qu'en témoigne une de ses homélies pour la fête de la *Dormition*, le basileus se rangea du côté des Franciscains, défenseurs du privilège de la Mère de Dieu.

Manuel, malgré l'intransigeance de sa foi, continua, dit Lebeau, à visiter les temples parisiens, à converser avec les membres du clergé français, surtout avec les moines de Saint-Denys pour lesquels il avait une estime particulière, mais il n'en resta que plus fortement attaché à ses opinions religieuses,

_____

(1) *Le Voyage de l'empereur Manuel Paléologue en Occident.* Échos d'Orient, t. XV.

cherchant, comme je l'ai dit, à frapper les yeux de
la foule française par la majesté du culte grec dans
la chapelle qu'on avait disposée au Louvre à cet
usage.

Voilà, à peu près, tout ce que nous savons sur ce
si long séjour de l'empereur qui dura encore toute
l'année 1401, depuis le retour de Londres et presque
toute l'année 1402, ce qui fait, avec les six ou sept
derniers mois de 1400, une période de près de deux
ans et demi. On aimerait à en connaître davantage!
Comment Manuel passait-il ses journées, ses longues
soirées, trompant ses impatiences, ses tristes loisirs,
quand il n'était point l'hôte du roi Charles VI, des
princes du sang ou des hauts personnages de l'État?
En visites aux églises probablement et aux autres
curiosités de la capitale; en conversations avec des
prêtres et des docteurs de haute érudition; en tra-
vaux littéraires dans le genre de celui dont je viens
de parler; en une active et copieuse correspondance
aussi avec les gouvernants et les lettrés de Constantinople. Il s'intéressait encore et surtout aux disputes
d'écoles qui agitaient la Sorbonne. Nous voudrions
savoir de même comment il s'accommodait des bru-
mes glaciales du Nord et si le mal du pays, joint à
tant d'écrasants soucis, n'assaillit point parfois, aux
bords sombres de la Seine hivernale, cette âme impériale qui semble avoir été sage et forte. « Ses
affaires, dit fort bien Lebeau, avançaient peu, mal-

gré ses humbles et pressantes supplications auprès du Roi et de son Conseil pour qu'ils voulussent bien s'occuper quelquefois de l'objet qui l'avait amené à la Cour de France. » Hélas! à Paris, les Ducs d'Orléans et de Bourgogne se disputaient âprement le pouvoir que le pauvre roi était incapable d'exercer et s'attachaient bien plus à se préparer à leurs luttes fratricides qu'à s'intéressèr au pauvre souverain de Constantinople. Celui-ci et son hôte firent une nouvelle visite à Saint-Denys pour assister à la translation d'une relique dont le duc de Berri avait fait présent aux religieux et qu'il avait fait mettre dans une châsse d'argent du poids de 250 marcs, merveilleusement ornée. C'était une relique insigne entre toutes : une partie de la tête et un des bras de saint Benoît que le duc avait obtenus à grand'peine de l'abbé de Saint-Benoît-sur-Loire!

Soudain, par un des plus extraordinaires retours de fortune de l'histoire, un coup de théâtre éclata comme la foudre et vint en une heure modifier du tout au tout la situation de l'auguste voyageur et autoriser à nouveau les plus radieuses espérances pour lui comme pour son peuple. La nouvelle de ce prodigieux événement ne semble être parvenue à l'empereur qu'au bout de plusieurs semaines, mais, comme on l'a dit, elle peut bien être regardée comme la plus inattendue qui ait jamais frappé l'oreille d'un homme presque abandonné par l'espérance! Durant que Ma-

nuel s'attardait à disputer sur le *Filioque* à Paris, le
foudre de guerre ottoman, le terrible Bajazet Ildjé-
rim, c'est-à-dire l'Éclair, qui tenait depuis tant d'années sous sa botte l'empire presque détruit des Paléologues, le plus redoutable des sultans turks et des
conquérants orientaux, avait été brusquement anéanti
par l'apparition presque subite d'un conquérant bien
plus effroyable encore, Timour ou Tamerlan, le
grand khan des Mongols. Ce fléau de Dieu, peut-être
le plus grand destructeur d'hommes de l'histoire,
sorti, avec les hordes infinies de ses sauvages cava-
liers, des profondeurs de l'Asie centrale, après avoir
marqué sa route rapide à travers ce continent par un
épouvantable sillon de meurtres et de ruines, avait,
après avoir provoqué le sultan, gagné sur lui, le
27 juillet 1402, une fameuse et décisive bataille dans
les plaines d'Ancyre, près de ces mêmes lieux histo-
riques où Pompée, jadis, avait vaincu Mithridate. A
peu près toute l'armée turque avait péri. L'invincible
Bajazet était tombé aux mains de son impitoyable
ennemi qui l'avait, dit la légende, fait enfermer dans
une cage de fer.

Tamerlan adressa deux lettres au roi Charles VI.
Ces documents fort extraordinaires sont, ce que la
plupart ignorent, aujourd'hui encore conservés aux
Archives nationales. M. de Sacy les a très exactement commentés dans un savant article des *Mémoires
de l'Académie des Inscriptions et Belles-Lettres*. Mais

ce ne furent point ces lettres illustres qui apportèrent à Paris la première nouvelle du grand événement ainsi annoncé au roi de la part du khan. Car, lorsqu'elles arrivèrent, l'empereur Manuel, dont on devine l'émotion intense à l'ouïe d'une circonstance aussi fabuleuse, aussi heureuse pour sa cause, avait déjà précipitamment quitté la France. Il avait, en effet, reçu à Paris par une voie plus directe cet avis si important pour lui. Il l'avait aussitôt fait connaître au roi et à ses conseillers, tout en décidant son propre retour immédiat à Constantinople.

« Beaucoup d'erreurs, dit fort bien M. Berger de Xivrey, ont été commises sur le lieu et l'époque où Manuel apprit l'incroyable nouvelle de la défaite si complète de son terrible ennemi. On se les serait épargnées en consultant la *Chronique* du Religieux de Saint-Denys, témoin oculaire très véridique et vraiment irrécusable pour tout le séjour du Paléologue à Paris. » Suivant cette source, le *Chambellan (Tambellanus)* (c'est sous ce nom que le Religieux de Saint-Denys désigne Tamerlan) avait écrit au prince gouverneur de Constantinople (1) de rappeler l'empereur son oncle, promettant de rendre à l'empire byzantin tout ce que l'impie Bajazet lui avait enlevé, et cette nouvelle, avec le récit très détaillé de la vic-

(1) C'est-à-dire à Jean Paléologue, fils d'Andronic, auquel l'empereur Manuel, son oncle, avait, on l'a vu, au moment de partir pour l'Occident, confié la garde de sa capitale.

toire de l'armée tartare, avait été apportée à Manuel
à Paris vers la Toussaint de l'an 1402 (donc presque
exactement trois mois après la bataille d'Ancyre),
par des chrétiens demeurés esclaves chez les Turks
depuis le désastre de Nicopolis, entre autres un comte
hongrois, un bâtard de feu le comte de Savoie, et
plusieurs Français, que ledit « Chambellan » avait
délivrés des fers de Bajazet après son triomphe. Ces
prisonniers libérés, porteurs de si grandes nouvelles,
furent mandés au conseil du roi alors que celui-ci
était dans un de ses bons jours. Après avoir prêté
serment solennel de ne dire que la vérité, ils firent,
dans les plus minutieux détails, cet étonnant récit
qui répandit la joie universelle en apprenant à tous
la ruine irrémédiable du plus redoutable ennemi du
nom chrétien (1).

Le Religieux de Saint-Denys ajoute que le roi de
France, avec la reine, les princes du sang et toute la
Cour entourèrent l'empereur tout joyeux, qui ne voulait pas perdre une heure pour retourner dans sa
capitale délivrée de cet affreux et si long cauchemar.
Déjà le mardi après l'octave de la Saint-Martin
d'hiver de cette année 1402, c'est-à-dire dans la
seconde quinzaine de novembre, Manuel quitta
Paris. Le roi Charles, toujours généreux, prodigua
à son hôte les plus magnifiques présents de vaisselle

(1) La République de Venise avisa de son côté le roi de France de
cette extraordinaire nouvelle.

d'or, d'argent et de pierreries avec les sommes les plus considérables en numéraire. Il appliqua la même générosité à toute la suite de l'empereur, jusqu'au dernier valet. Chacun des Grecs fut comblé d'or, de pierres précieuses, de vêtements de soie, de vases d'apparat. Ce sont les propres termes du chroniqueur. Et, bien que l'empereur, depuis près de deux ans, eût vécu avec les siens entièrement à sa charge, grâce à la générosité la plus royalement exercée, Charles continua à lui assigner encore l'énorme pension annuelle de quatorze mille écus d'or qui lui avait été régulièrement servie sur le trésor royal depuis son arrivée en France, et cela jusqu'au retour complet de sa bonne fortune. En même temps, il lui fournit pour l'accompagner une escorte de deux cents hommes d'armes, qui devait le suivre jusqu'à Constantinople sous le haut commandement du seigneur de Châteaumorand, ce magnifique guerrier que jadis Boucicaut avait laissé dans cette ville avec une troupe pour la défendre, et qui, depuis peu, était de retour à Paris.

Le voyage de Manuel, de Paris à Constantinople, fut extrêmement rapide, avec toute la célérité imaginable. Nous n'en connaissons malheureusement que deux ou trois des étapes principales. Sur toute la traversée de la France nous ne savons rien absolument. Certainement l'empereur, par les soins de son hôte royal si parfait, fut reçu à toutes ses stations avec les mêmes honneurs et les mêmes attentions extraordinaires. Il revint probablement par la même route jusqu'au delà des Alpes. Là, il prit le chemin de Gênes (1), où l'appelait un double motif. En effet, aux relations incessantes et si importantes des Génois se joignait la présence de son cher ami Bouci-caut, le fameux connétable, depuis le mois de juin 1401 gouverneur français de cette superbe cité qui s'était donnée à la France quatre ans auparavant. Manuel y arriva déjà le 22 janvier de l'an 1403 (nou-veau style). Le chroniqueur Stella, dans ses *Annales genuenses*, raconte en détail le splendide accueil que fit au prince voyageur le brillant connétable. Bouci-caut, avec un immense cortège de nobles génois et français, s'était porté à la rencontre de l'empereur. Manuel fit son entrée dans la ville de marbre, à che-val, sous un dais de brocart qui l'attendait à la porte Saint-Thomas, porté par des citoyens de Gênes, tous uniformément vêtus d'écarlate. Il fut conduit dans cet appareil à la maison des Frères Prêcheurs où on avait disposé son logement.

Le fastueux Boucicaut ne s'en tint pas là. Il était bien vraiment le roi de Gênes, et fit à l'empereur une réception unique. Le peuple génois tout entier tint de même à honneur de traiter son hôte avec la plus aimable courtoisie. On le combla des plus riches

(1) Le chroniqueur byzantin Dukas s'est trompé en faisant revenir Manuel à Venise par la route d'Allemagne.

dons, et comme on ne séparait point sa cause de celle des Génois de Galata, on lui fit présent de trois galères pour sa défense et pour celle des possessions génoises du Levant. Une somme de trois mille écus d'or fut destinée aux frais de son séjour. On lui donna une fête des plus brillantes, une de ces fêtes telles qu'en savait donner la ville de Gênes, alors dans tout l'éclat de sa richesse et de sa puissance. Certainement la charmante Antoinette de Turenne, « la belle, bonne et saige épouse » du maréchal de Boucicaut, dut en faire les honneurs à l'empereur à la tête des femmes ravissantes de la noblesse génoise. Ces gracieuses Italiennes, célèbres alors dans toute l'Europe par la suprême élégance et la grande richesse de leurs atours, adoraient la jeune femme du gouverneur royal qui avait eu l'art de les gagner. « Elles trouvèrent en elle tous sens, toute bénignité, grâce et humilité, dit l'historien contemporain de Boucicaut. Et ces dames de Gennes la preindrent à visiter à grandes compaignies, et à elles offrir toutes à son service et commandement; et la dame débonnaire les recevait très doucement, et tant vers elles estoit bénigne, que très grandement toutes s'en loüoient. » Toutes ensemble parurent dans leur plus bel éclat dans ce bal magnifique qui fut donné en l'honneur et en présence de l'empereur grec au palais du gouvernement le dernier jour du mois de janvier. Toute la noblesse génoise y figura dans ses plus somptueux costumes.

Manuel demeura dix jours encore dans cette cité qui le recevait si bien. A son départ, il fut de nouveau escorté par les nobles, qui portaient au-dessus de sa tête le dais de brocart. Boucicaut, l'archevêque de Gênes, tous les notables de la cité le conduisirent jusqu'au delà des portes.

Nous sommes mal renseignés sur la plus grande partie du reste de l'impérial parcours. Georges Stella, qui nous a fourni ces détails sur le séjour de Manuel à Gênes, dit qu'en quittant cette ville, l'empereur prit la route de terre. Dukas, de son côté, dit qu'il passa par Florence. C'est bien probablement la vérité. Manuel dut certainement aller dans cette ville pour s'y rencontrer avec le pape Boniface IX, qui lui voulait beaucoup de bien et qui fit vers ce temps plusieurs séjours dans la « cité des fleurs ». Je crois, pour ces raisons, dit M. Berger de Xivrey, pouvoir placer dans cette ville ou aux environs l'entrevue ainsi rapportée par le *Livre des Faicts de Boucicaut* : « Si fut devers le Sainct Père, qui donna grand pardon à quiconque luy feroit bien (1). » Mais il faut mettre au rang des fables une assertion de l'*Historia politica* (2) qui dit exactement ceci : « Le Pape et

(1) Il ne peut s'agir ici de l'antipape d'Avignon, Benoît XIII, le fameux Pierre de Luna, lequel d'ailleurs venait de s'aliéner la France, si longtemps déclarée pour lui.

(2) Dans la *Turco-Græcia* de Martin Crusius, Bâle, 1584.

les autres souverains avaient promis à l'empereur Manuel des secours, mais ils ne les lui donnèrent pas, comme le prouva l'événement. Leur prétexte fut que cet empereur, un jour de fête, s'était refusé à saluer (embrasser) le manipule du bras droit d'un chorévêque où était brodée à l'aiguille l'image du Christ. Le Pape prit occasion de là pour écrire à tous les Italiens que, l'empereur des Grecs s'étant refusé à saluer l'image du Christ, quiconque lui porterait secours serait excommunié. » Toute cette histoire n'est qu'une invention, un tissu d'absurdités, en contradiction absolue avec les témoignages continus de bienveillance donnés à Manuel par Boniface IX, avant comme après le séjour de ce prince en Occident, bienveillance dont nous avons les preuves officielles dans la correspondance de ce pape. »

Dukas nomme Ferrare parmi les villes où passa l'empereur, dans le trajet qui le mena de Florence à Venise. La République le reçut à merveille. comme à son premier passage, et lui accorda également un secours de trois galères, sous le commandement de Léonard Mocenigo. On lui fit, poursuit Dukas, de très grands et nombreux dons. La flotte vénitienne le convoya ensuite en Morée. Il paraît avoir touché d'abord à Modon, puis de là s'en alla à Mistra, auprès de son frère Théodore, le despote de ce nom, pour y rejoindre les siens, qu'il lui avait confiés il y avait plus de trois années. Il retrouva bien sa femme, l'impératrice; mais il semble que deux de leurs fils en bas âge, dont l'histoire ne parle du reste pas, étaient morts durant son absence. En effet, un chrysobulle, délivré par Manuel, en date du mois de septembre 1406, à l'effet de réunir au diocèse de Monembasie l'église d'Hélicovouno, nous apprend qu'un double service hebdomadaire du mercredi et du samedi avait été fondé dans ce temple, pour le repos de l'âme de ces petits enfants de l'empereur qui y avaient été inhumés. Mon savant maître, feu E. Miller, a publié cet acte en entier dans le *Catalogue des Manuscrits grecs de la Bibliothèque de l'Escurial.*

Probablement le séjour de l'empereur à Mistra fut, cette fois encore, très court, tant il était naturellement pressé, après de si grands événements, de rentrer dans sa capitale. Si même il y fit quelque arrêt, ce fut pour y attendre et les trois galères de Gênes qui devaient le rejoindre et surtout son cher Boucicaut, qui arrivait avec elles, conduisant en personne à Chypre toute la flotte de Gênes, pour forcer le roi de cette île, Janus, à lever le siège de la cité de Famagouste, occupée depuis près de vingt années par les Génois (1).

« Quand le mareschal feut arrivé à Modon, dit l'historien de ses *Mémoires*, là trouva les messaigers

(1) Manuel reçut aussi à Mistra une ambassade du sultan Soliman I, fils de Bajazet.

de l'empereur de Constantinople, Karmanoli, qui
l'attendoient, par lesquels il luy mandoit que, pour
Dieu, et en l'honneur de Chevalerie et Noblesse, il ne
voulust point passer outre sans qu'il parlast à luy.
Car il estoit en la Morée vingt milles en terre (1); si
le voulust un petit attendre et il viendroit à luy. Le
Mareschal receut les messaigers à tel honneur qu'il
leur appartenoit, et leur dict bénignement que ce
feroit-il très volontiers. Si ordonna tantost pour luy
aller au devant le Seigneur de Chasteaumorant (qu'il
avait emmené de Gênes avec luy) (2), à tout sa gent,
et Messire Jean d'Outremarin (ou Oltramare), Gene-
vois, à tout une galée; et luy l'attendit à un port
appelé Basilipotamo (3). Quand le Mareschal sceut
que l'Empereur approchoit, il luy alla à l'encontre,
et receut à grand honneur lui, sa femme et ses en-
fans (4) qu'il avoit amenez, comme raison estoit.

(1) C'est-à-dire à Mistra.

(2) « Châteaumorand, dit M. Berger de Xivrey, que nous avons vu
chargé par Charles VI d'escorter Manuel, paraît avoir été retenu à Gênes
par Boucicaut pour aller presque aussitôt ensemble, par ordre du roi
Charles, assiéger l'antipape Benoît XIII dans Avignon. Ils étaient dans
cette ville lorsque le pontife s'en échappa le 12 mars que l'on comptait
encore 1402, Pâques tombant cette année le 15 avril. On peut donc
estimer assez sûrement que ce fut dans les premiers jours de l'année 1403
(après Pâques) que le maréchal ramena Châteaumorand à l'empereur. »

(3) Le port de Mistra, sur le golfe de Laconie, à l'embouchure de
l'Eurotas.

(4) En réalité, nous l'avons vu, il n'en restait qu'un, les deux autres
étant morts. Celui-là s'appelait Jean et succéda à son frère au trône de
Byzance. Quand Manuel, avec l'impératrice, rentra dans sa capitale, il
laissa cet enfant auprès de son oncle, en Morée.

« Le dict Empereur le requist moult bénignement, en l'honneur de Dieu et de Chrestienté, que il luy voulust donner confort et pessaige jusques à Constantinople. Le Mareschal respondit que ce seroit très volontiers, et tout ce que pour luy pourroit faire. Si ordonna tantost pour le conduire quatre galées, lesquelles il bailla en gouvernement au bon seigneur de Châteaumorant. Si se partit à tant l'Empereur, et le Mareschal le convoya jusques au cap Saint Angel (Saint-Ange).

« Quand là feurent arrivez, viendrent au Mareschal les messaigers des Vénitiens qui avoient sceu comme il avoit baillé quatre de ses galées pour convoyer l'Empereur. Si dirent que ils estoient deliberez s'il leur conseilloit d'envoyer aultres quatre (1), pour plus seurement le mener où il vouloit aller. A ce respondit le Mareschal que ce seroit très bien faict, et grand honneur à la Seigneurie de Venise et au capitaine d'icelles galées. A tant preint congé l'Empereur du Mareschal, et moult le remercia, et aussi les Vénitiens. Si s'en partit, et teinct son chemin droict à Constantinople. »

Nous ne savons rien, on le voit, de ce second et court séjour de l'empereur à Mistra auprès du des-

---

(1) Il y a là une erreur de l'historien de Boucicaut. D'après ce que dit Marino Sanuto de trois galères déjà accordées au départ de Venise, ce renfort envoyé au cap Saint-Ange dut être seulement d'un quatrième bâtiment donné en sus par les Vénitiens.

pote Théodore, son frère. Cependant M. Berger de Xivrey croit devoir attribuer à cette époque où Manuel attendait ainsi l'arrivée de Boucicaut une petite pièce de lui, dont le sujet indique bien clairement la date et qui est elle aussi conservée à la Bibliothèque nationale. « C'est, dit-il, un amer sarcasme mis, à la manière des exercices des anciens rhéteurs, dans la bouche de Tamerlan contre Bajazet son prisonnier. Voici, en effet, la traduction du titre de la pièce : *Quelles paroles dut adresser le chef des Perses et des Scythes au Tyran des Turks, dont le ton était si plein d'orgueil et d'insolence, et la jactance si insupportable pendant sa prospérité, et qui se montra tout l'opposé après sa défaite.* Le souvenir de l'oppression tyrannique dont il avait plus d'une fois failli être victime, poursuit M. Berger de Xivrey, allume la verve de Manuel dans ce morceau très court et dont la prosopopée est fondée sur un des mille bruits contradictoires qui circulaient au sujet de l'attitude réciproque du vainqueur et du vaincu après la bataille d'Angora. Manuel, adoptant un récit peu vraisemblable, et qui représentait Bajazet comme s'humiliant devant Timour, fait, entre autres paroles, dire à celui-ci :

... « Tu ne me blesses pas moins qu'auparavant, en abjurant ainsi toute fierté. Moi qui pensais avoir acquis une gloire brillante et durable, comme ayant triomphé par ma vertu d'un homme illustre, auteur de grandes actions, voilà que tu viens me prouver mon erreur en te couvrant d'opprobre et en montrant que tu étais facile à vaincre, puisque tu ne supportes pas en homme la mauvaise fortune. »

Si cette pièce a été composée, comme le suppose M. Berger de Xivrey, au printemps de l'an 1403, le prince contre qui elle fut écrite n'existait déjà plus alors depuis quelques jours, car Bajazet était mort en captivité dès le 9 mars de cette même année. Mais Manuel ne pouvait encore connaître cet événement. Il l'apprit sans doute seulement à son arrivée à Constantinople, presque en même temps que la nouvelle du retour de Tamerlan à Samarcande.

Nous ne suivrons plus Manuel Paléologue après son retour dans sa capitale. Le désastre des Turks à Angora avait redonné un demi-siècle d'existence à l'empire byzantin. Manuel vécut vingt-deux ans encore, régnant au milieu des plus terribles difficultés. Dans les dernières années de son existence, il s'était retiré au fameux monastère de Périblepte à Constantinople, laissant presque tout le poids du gouvernement à son fils aîné Jean qui lui succéda et qui s'était marié le 19 janvier 1420 à Sophie, fille du marquis de Montferrat. Le vieil empereur expira dans cette solitaire retraite le 21 juillet 1425, âgé de soixante-dix-sept ans et quelques jours, regretté de tous.

Ne recevant pas de France les subsides si solennellement promis, Manuel avait envoyé en 1408 à Paris un de ses plus aimés familiers et, comme nous l'avons vu, un de ses correspondants favoris : Manuel Chrysoloras. En souvenir de ses visites à ses chers religieux de Saint-Denys, il leur avait envoyé par ce fidèle messager pour leur insigne basilique un admirable manuscrit contenant les œuvres de saint Denys l'Aréopagite, écrites sur vélin, merveille de la calligraphie et de la peinture byzantines de cette époque. Ce volume, à la superbe couverture d'ivoire sculpté, est aujourd'hui encore un des joyaux du musée du Louvre; il contient entre autres une précieuse miniature avec les portraits de Manuel Paléologue, de l'impératrice Hélène, sa femme, et de ses trois jeunes fils, Jean, Théodore et Andronic (1). Un autre manuscrit, qui contient l'oraison funèbre du despote Théodore par son impérial frère, manuscrit également conservé à Paris (2), contient aussi deux beaux portraits de notre empereur (3). Phrantzès raconte, chose curieuse, que les Turks trouvaient à Manuel la plus grande ressemblance avec le prophète Mahomet, et que Bajazet le lui avait dit plusieurs fois.

A la fin du premier de ces volumes si particuliè-

(1) Voy. pl. I.
(2) A la Bibliothèque nationale, n° suppl. 309.
(3) Voy. pl. II et III.

MINIATURE DU MANUSCRIT, DIT DE SAINT-DENYS, CONSERVÉ AU MUSÉE DU LOUVRE, REPRÉSENTANT L'EMPEREUR MANUEL PALÉOLOGUE, L'IMPÉRATRICE HÉLÈNE, SA FEMME, ET SES TROIS JEUNES FILS JEAN, THÉODORE ET ANDRONIC, COURONNÉS PAR LA VIERGE.

rement précieux, est écrite une non moins précieuse note en grec, dont voici la traduction :

« Ce présent livre a été envoyé de Constantinople au couvent de Saint-Denys, à Paris, dans la France ou Gaule, par le très haut basileus ou autocrator des Romains, Kyr Manuel Paléologue, et apporté par moi, Manuel Chrysoloras, envoyé en ambassade par le dit basileus, l'an du monde 6915 ou de l'Incarnation de Notre-Seigneur 1408. Le dit basileus était venu lui-même à Paris quatre ans auparavant. »

Ce manuscrit in-4°, vraiment magnifique, sur très belle peau de vélin, une des plus splendides raretés du fameux trésor de Saint-Denys où il portait le n° 416, avait été longtemps considéré comme perdu, et on ne le connaissait plus que par la description qu'en avait faite Félibien dans l'*Histoire* de cette abbaye. Il est relié en velours rouge avec les plats encadrés de vermeil très richement ciselés et enfermant, je l'ai dit, sur chaque face, trois bas-reliefs sur ivoire, portant des sujets religieux. Après une charmante miniature donnant le portrait de saint Denys l'Aréopagite, on admire celle sur laquelle est représentée la famille impériale. La Panagia, ayant sur sa poitrine son divin Fils, pose la main droite sur la tête du basileus et la gauche sur celle de la basilissa. Manuel et Jean, son fils aîné, ont des robes bleues aux parements d'or gemmés.

L'impératrice et ses deux plus jeunes fils ont des robes écarlates beaucoup plus richement ornées (1).

« Quelques galères, dit fort bien M. Jugie, de riches présents, d'agréables souvenirs, voilà tout ce que rapportait Manuel de son long voyage d'Occident. C'était peu, sans doute, mais Tamerlan avait fourni le magnifique supplément qui allait assurer à la vieille Byzance encore cinquante ans d'existence. »

(1) En raison des circonstances actuelles, il ne m'a pas été possible de faire photographier directement cette miniature. J'ai dû me contenter de faire reproduire une copie de M. L.-A. Foucher publiée par M. Sp. Lambros dans un opuscule sur les portraits des Empereurs de Byzance paru à Athènes en 1911.

Planche II.

MINIATURE D'UN MANUSCRIT DE LA BIBLIOTHÈQUE NATIONALE
REPRÉSENTANT L'EMPEREUR MANUEL PALÉOLOGUE

Planche III.

NIATURE D'UN MANUSCRIT DE LA BIBLIOTHÈQUE NATIONALE REPRÉSENTANT L'EMPEREUR MANUEL
ENTRE DEUX DE SES FILS

NOTES ADDITIONNELLES

1º Dès le 20 juin 1400, Manuel avait écrit de Paris à Pierre Holt, prieur de l'Hôpital en Irlande, pour lui annoncer son projet d'aller en Angleterre pour intéresser le roi de ce pays au sort de l'empire d'Orient; mais le dit Pierre Holt, qui était turcoplier et prieur d'Irlande, lui répondit, dès le 11 juillet, que le moment était mal choisi, que le nouveau roi Henri IV conduisait une expédition en Écosse contre le roi Robert III. Manuel remit en conséquence de quelques mois son voyage à Londres.

2º J'ai reçu de M. le chanoine Reure, professeur à la Faculté catholique de Lyon, la très intéressante lettre que voici datée du 15 janvier dernier : « Je vous ai adressé un exemplaire de ma plaquette : *Jean de Chateaumorand a-t-il retardé de cinquante ans la prise de Constantinople par les Turcs ?* Je vous ai envoyé ce souvenir après avoir lu, dans la *Revue des Deux Mondes*, votre article sur le voyage de l'empereur Manuel à Paris et à Londres.

« Vous dites qu'on ne sait rien de positif sur les deux traversées de la France par l'empereur des Alpes à la Manche, et on doit vous croire.

« Permettez-moi cependant de vous soumettre une hypothèse, une simple hypothèse, mais qui me semble extrêmement vraisemblable.

« Le château de Chateaumorand, sur le territoire de la commune de Saint-Martin-d'Estréaux, dans le département de la Loire, est situé sur la route royale qui, de temps immémorial et bien avant Jean de Chateaumorand, a relié Paris avec Lyon, les Alpes, l'Italie et la Méditerranée (par Nevers, Moulins et Roanne).

« Si, comme vous le dites, Manuel est allé de Paris à Gênes, à son retour, avec une escorte de deux cents hommes d'armes sous la conduite de Jean de Chateaumorand, n'est-il pas au moins très probable que celui-ci a fait prendre à l'illustre voyageur la route de Lyon, qui passait à deux pas de son château et que même il a donné l'hospitalité à l'empereur? Les comptes de Jean de Chateaumorand, conservés dans les magnifiques archives de Chateaumorand, ne commencent malheureusement qu'à l'année 1409; s'ils commençaient sept ans plus tôt, nous y trouverions vraisemblablement la trace des dépenses faites pour la réception de l'empereur. Il y avait, il est vrai, de Paris à Lyon, la route de la Bourgogne, mais alors beaucoup moins importante et moins suivie que celle du Bourbonnais, qui passait, je l'ai dit, tout près du château de Chateaumorand.

« C'est là que mourut Jean, le défenseur de Constantinople, après une vie extraordinairement remplie, le 30 novembre 1429, l'année même où Jean d'Orronville venait d'écrire, sous sa dictée, ou d'après ses notes, la *Chronique du bon duc Loys de Bourbon* que vous citez dans cet article. J. Delaville le Roulx, dans son ouvrage intitulé : *La France en Orient au quatorzième siècle*, pense qu'on pourrait peut-être attribuer aussi à cet auteur *le Livre des faicts de Jehan de Boucicaut.*

« Agréez, etc... »

FIN

ERRATUM

Page 54 et planche I, le nom de l'impératrice *Irène* est écrit *Hélène*. J'ai négligé de dire que cette princesse est connue sous ces deux noms. Voy. Du Cange, *Hist. byz.*, éd. Venise, I, p. 198.

PARIS

TYPOGRAPHIE PLON-NOURRIT ET Cie

Rue Garancière, 8

9 782016 174463